CAPITOLO 1. INTRODUZIONE ALLE VITI PIWI

Definizione e caratteristiche delle viti Piwi

Obiettivi della coltivazione delle viti resistenti

CAPITOLO 2. STORIA DELLE VITI PIWI

Origini e sviluppo delle prime varietà resistenti

Evoluzione della ricerca e degli incroci

CAPITOLO 3. GENETICA E VARIETÀ DI VITI PIWI

Approfondimento sulle varie varietà e incroci disponibili

Caratteristiche genetiche distintive delle viti Piwi

CAPITOLO 4. COLTIVAZIONE DELLE VITI PIWI

Terreno, clima e condizioni ideali per la coltivazione

Tecniche di coltivazione e potatura specifiche

CAPITOLO 5. RESISTENZA ALLE MALATTIE E SOSTENIBILITÀ

Approfondimento sulla resistenza alle malattie fungine

Impatto ambientale e sostenibilità della coltivazione delle viti Piwi

CAPITOLO 6.
VINIFICAZIONE
CON VITI PIWI

Processi e tecniche di vinificazione adatte alle viti resistenti

Caratteristiche dei vini ottenuti dalle viti Piwi

CAPITOLO 7. RUOLO DELLE VITI PIWI NEL CONTESTO ENOLOGICO

Posizione delle viti resistenti nel mercato del vino

Accoglienza e percezione del vino Piwi da parte dei consumatori

CAPITOLO 8.
INNOVAZIONI
E RICERCA

Progetti di ricerca attuali nel campo delle viti resistenti

Sviluppi tecnologici e future prospettive

CAPITOLO 9.
IMPATTO SOCIALE
ED ECONOMICO

Ruolo delle viti Piwi nell'economia locale e nel tessuto sociale

Progetti di sviluppo e benefici per le comunità

CAPITOLO 10. DEGUSTAZIONE E ABBINAMENTI

Guida alla degustazione dei vini delle viti Piwi

Abbinamenti culinari consigliati

CAPITOLO 11.
CRITICITÀ E SFIDE

Sfide attuali e possibili ostacoli nella coltivazione e nell'accettazione dei vini Piwi

Strategie per superare le sfide

CAPITOLO 12. SUCCESSI E TESTIMONIANZE

Esperienze di successo di viticoltori che hanno adottato viti Piwi

Testimonianze di consumatori e esperti del settore

CAPITOLO 13. FUTURO DELLE VITI PIWI

Prospettive future nel mondo delle viti resistenti

Potenziali scenari evolutivi e sviluppi attesi

CAPITOLO 14.
APPLICAZIONI OLTRE LA VITICOLTURA

Utilizzo delle viti Piwi in altri settori o industrie

Potenziali applicazioni al di fuori del mondo del vino

CAPITOLO 15. CONCLUSIONI E SINTESI

Riassunto dei punti chiave trattati nel libro

Invito alla riflessione sulle potenzialità delle viti Piwi e dei loro impatti

Questa struttura potrebbe fornire una panoramica completa e dettagliata delle viti Piwi, coprendo varie sfaccettature della loro coltivazione, vinificazione, impatti sociali ed economici, oltre a esplorare prospettive future e sfide.

CAPITOLO 1
INTRODUZIONE ALLE VITI PIWI

Definizione delle Viti Piwi

Le viti Piwi, acronimo di "Pilzwiderstandsfähige Rebsorten" in tedesco (traducibile come "varietà di vite resistenti alle muffe"), sono varietà di vite geneticamente ibride sviluppate per la loro resistenza naturale a malattie fungine, come l'oidio e la peronospora, che spesso colpiscono le varietà tradizionali di Vitis vinifera.

Caratteristiche Distintive

Resistenza alle Malattie: Illustrazione delle malattie principali contro cui le viti Piwi sono resistenti e come questa resistenza influisce sulla loro coltivazione.

Origini Genetiche: Descrizione delle origini ibride delle viti Piwi, risultato di incroci tra varietà tradizionali di Vitis vinifera e specie resistenti a malattie.

Adattabilità Ambientale: Discussione sull'adattabilità delle viti Piwi a una vasta gamma di terreni e condizioni climatiche, garantendo una maggiore versatilità nella coltivazione.

Qualità Enologiche: Considerazioni sulla qualità dei vini ottenuti dalle viti Piwi, sottolineando come la resistenza alle malattie non comprometta la qualità del prodotto finito.

Sviluppi RecentI: Breve menzione di sviluppi o innovazioni recenti nel campo delle viti Piwi per introdurre il lettore al contesto attuale.

Questo capitolo introduttivo può fornire una panoramica dettagliata delle viti Piwi, spiegando chiaramente cosa sono e quali caratteristiche le rendono uniche rispetto alle varietà tradizionali.

OBBIETTIVI DELLA COLTIVAZIONE DELLE VITI RESISTENTI

Le viti Piwi sono il risultato di una ricerca mirata a superare le sfide tradizionalmente affrontate nella viticoltura, soprattutto per quanto riguarda le malattie fungine come l'oidio e la peronospora. Gli obiettivi chiave della coltivazione di queste viti resistenti includono:

Riduzione dell'utilizzo di pesticidi:

Uno degli obiettivi primari delle viti Piwi è ridurre, o possibilmente eliminare, la necessità di trattamenti chimici intensivi per proteggerle dalle malattie fungine. La resistenza naturale di queste viti consente una minor dipendenza da pesticidi sintetici, promuovendo così una pratica agricola più sostenibile.

Sostenibilità ambientale:

La riduzione dell'uso di pesticidi chimici può contribuire a preservare la salute dell'ambiente circostante, proteggendo la biodiversità del suolo e delle risorse idriche. Le viti Piwi possono favorire una pratica agricola più ecocompatibile e a basso impatto ambientale.

Mantenimento della qualità del prodotto:

Nonostante la resistenza alle malattie, un obiettivo importante è garantire che la qualità del vino ottenuto dalle viti Piwi rimanga alta. La ricerca mira a sviluppare varietà resistenti che producano vini di qualità, senza compromettere le caratteristiche organolettiche desiderate.

Adattabilità e resistenza climatica:

Le viti Piwi sono spesso apprezzate per la loro capacità di adattarsi a diverse condizioni climatiche e tipi di suolo. Questa flessibilità le rende attraenti per i viticoltori che operano in regioni con variazioni climatiche significative.

Sviluppo di varietà enologiche diverse:

La ricerca e lo sviluppo delle viti Piwi mirano a creare una gamma diversificata di varietà enologiche con resistenza alle malattie. Questo offre ai viticoltori una più ampia selezione di vini da produrre, offrendo anche una maggiore diversità al consumatore finale.

Riduzione dei costi di produzione:

La riduzione dell'utilizzo di trattamenti chimici può portare a una diminuzione dei costi di produzione per i viticoltori, contribuendo a rendere la coltivazione delle viti Piwi più conveniente rispetto alle varietà tradizionali.

La coltivazione delle viti Piwi si concentra su un approccio più sostenibile, mirando a ridurre l'impatto ambientale, i costi di produzione e, allo stesso tempo, a preservare o migliorare la qualità del vino prodotto.

CAPITOLO 2

STORIA DELLE VITI PIWI

Origini delle Prime Variazioni Resistenti

Le prime varietà di viti resistenti ebbero origine nel tardo XIX secolo e nel XX secolo, un periodo caratterizzato dalla diffusione di gravi malattie fungine tra le viti tradizionali, come l'oidio e la peronospora. In quel contesto, gli incroci e gli esperimenti per sviluppare varietà di vite più resistenti presero piede.

Contributi dei Pionieri della Ricerca

Jean Guyot: Figura chiave nel XIX secolo, Guyot svolse ricerche pionieristiche sull'incrocio di varietà per sviluppare vitigni più resistenti alle malattie.

Georg Scheu: Negli anni '20 del XX secolo, Scheu introdusse varietà ibride come il "Scheurebe", anticipando il concetto di vitigni più resistenti.

Sviluppi nel XX secolo

Ricerche Governative e Istituzionali: Nel corso del XX secolo, istituzioni di ricerca, università e centri di sperimentazione svolsero ruoli fondamentali nello sviluppo di varietà resistenti. La ricerca si intensificò, cercando incroci efficaci per ottenere viti più resistenti e al contempo produrre vini di qualità.

Espansione e Accettazione

Diffusione Regionale: Con il progredire della ricerca e lo sviluppo di varietà sempre più interessanti, le viti resistenti cominciarono a diffondersi in diverse regioni vitivinicole, soprattutto in Europa.

Accettazione e Sfide: Nonostante i progressi, l'accettazione iniziale delle viti resistenti da parte di alcuni produttori e consumatori fu un processo graduale, con alcune sfide legate alla percezione della qualità del vino ottenuto da queste varietà.

Sviluppi Contemporanei

Avanzamenti Tecnologici e Genetiche: Con gli avanzamenti tecnologici e le conoscenze genetiche attuali, la ricerca continua a sviluppare varietà sempre più resistenti e di alta qualità enologica, aprendo nuove prospettive per le viti Piwi.

Esaminare la storia delle viti Piwi fornisce un quadro del loro sviluppo nel corso del tempo, evidenziando le figure chiave, le sfide affrontate e i progressi nella creazione di varietà resistenti e di alta qualità.

EVOLUZIONE DELLA RICERCA E DEGLI INCROCI

Primordi della Ricerca sulle Viti Resistenti

Sfide Iniziali: Le prime fasi della ricerca si scontrarono con sfide significative nel creare varietà resistenti senza compromettere la qualità del vino prodotto.

Esperimenti di Incrocio: Gli scienziati, consapevoli della necessità di varietà resistenti, iniziarono a eseguire incroci tra varietà di Vitis vinifera e specie asiatiche o americane resistenti alle malattie fungine.

Approfondimenti nella Selezione delle Varietà

Selezione e Test: Le varietà ottenute dagli incroci furono selezionate e testate rigorosamente per valutare la loro resistenza alle malattie, nonché per esaminare le loro caratteristiche organolettiche.

Incrocio Selettivo: Gli incroci furono ulteriormente affinati attraverso processi selettivi per concentrarsi sulle varietà più promettenti, che mostravano resistenza alle malattie e buone qualità enologiche.

Innovazioni e Progressi Recenti

Avanzamenti Tecnologici: L'avvento delle moderne tecnologie genetiche e delle conoscenze genomiche ha accelerato la ricerca, consentendo un'analisi più approfondita del DNA delle viti e facilitando la selezione genetica.

Metodi di Incrocio Moderni: Nuovi approcci nell'incrocio, come l'ibridazione assistita da marcatori molecolari, hanno permesso di identificare e selezionare le varietà più promettenti in modo più efficiente e preciso.

Focus sulla Qualità Enologica

Equilibrio tra Resistenza e Qualità: La ricerca si è concentrata sull'ottenere un equilibrio ottimale tra resistenza alle malattie e le caratteristiche organolettiche desiderate per produrre vini di alta qualità.

Approccio Olistico: Gli sforzi attuali mirano a una comprensione più completa delle variazioni genetiche che influenzano sia la resistenza alle malattie che la qualità del vino, integrando aspetti fisiologici e chimici.

Esaminare l'evoluzione della ricerca e degli incroci offre un'idea chiara del progresso scientifico nel campo delle viti Piwi, mostrando come la combinazione di antiche pratiche di incrocio con le più recenti innovazioni tecnologiche abbia portato a varietà sempre più adatte e di qualità.

CAPITOLO 3

Genetica e Varie Variazioni di Viti Piwi

Origine Genetica delle Viti Piwi

Incroci Storici: Le viti Piwi derivano da incroci complessi tra varietà tradizionali di Vitis vinifera e specie resistenti alle malattie, come quelle di origine americana o asiatica.

Combinazioni Genetiche: Questi incroci hanno portato a una vasta gamma di combinazioni genetiche, conferendo alle viti Piwi la loro resistenza e adattabilità.

Varie Variazioni e Caratteristiche

Elenco delle Principali Varietà: Descrizione delle varietà più comuni di viti Piwi, evidenziando le loro caratteristiche uniche, come resistenza specifica alle malattie, profili aromatici e adattabilità ambientale.

Caratteristiche Organolettiche: Approfondimento sulle qualità organolettiche dei vini prodotti da varie varietà di viti Piwi, sottolineando le sfumature aromatiche, la struttura del gusto e il potenziale di invecchiamento.

Incroci e Sviluppi Recenti

Nuove Varietà in Sviluppo: Esplorazione dei più recenti programmi di incrocio e delle varietà in fase di sviluppo, con un focus sull'evoluzione genetica e sulle caratteristiche uniche di queste nuove viti Piwi.

Ibridi Avanzati: Descrizione degli incroci avanzati, che combinano la resistenza alle malattie con caratteristiche enologiche eccellenti, evidenziando il progresso nella creazione di viti Piwi di alta qualità.

Adattabilità e Ambito Geografico

Variazioni Geografiche: Considerazioni sull'adattabilità delle diverse varietà di viti Piwi a condizioni climatiche e ambientali specifiche in diverse regioni vitivinicole nel mondo.

Successi in Diverse Regioni: Esempi di successo delle varietà Piwi in varie parti del mondo, evidenziando come alcuni incroci siano particolarmente adatti a determinati climi o terreni.

Approfondire la genetica delle viti Piwi e le varietà disponibili offre una panoramica dettagliata delle diverse caratteristiche genetiche, delle qualità enologiche e dell'adattabilità geografica di queste varietà resistenti alle malattie, mostrando la ricchezza e la diversità delle opzioni disponibili per i viticoltori.

CARATTERISTICHE GENETICHE DISTINTIVE DELLE VITI PIWI

Le caratteristiche genetiche delle viti Piwi si distinguono per diversi aspetti, che contribuiscono alla loro resistenza alle malattie e alle condizioni ambientali. Ecco alcuni tratti genetici distintivi delle viti Piwi:

Resistenza alle Malattie Fungine:

Le viti Piwi presentano una maggiore resistenza alle malattie fungine come l'oidio e la peronospora. Questa resistenza è il risultato di incroci genetici che hanno introdotto geni provenienti da specie resistenti, spesso di origine americana o asiatica, nelle varietà di Vitis vinifera.

Ibridi Introdotti:

Le viti Piwi sono spesso ibridi tra varietà tradizionali di Vitis vinifera e specie resistenti alle malattie. Questi incroci hanno portato a una combinazione genetica unica che offre resistenza alle malattie senza compromettere drasticamente la qualità enologica del vino prodotto.

Ampia Variazione Genetica:

La vasta gamma di incroci e varietà di viti Piwi ha creato una diversità genetica significativa. Questa diversità permette ai viticoltori di scegliere varietà specifiche adatte alle condizioni climatiche e terreni locali.

Adattabilità Ambientale:

Grazie alla loro varietà genetica, le viti Piwi dimostrano un'adattabilità notevole a diversi tipi di terreno e condizioni climatiche. Questa caratteristica le rende attraenti per la coltivazione in una vasta gamma di regioni.

Sviluppo Continuo:

Gli studi e gli sviluppi genetici costanti mirano a migliorare ulteriormente la resistenza alle malattie e a rafforzare le qualità enologiche delle viti Piwi. La ricerca attuale si concentra sull'identificazione e l'introduzione di geni specifici che influenzano la resistenza alle malattie senza compromettere la qualità del vino.

Queste caratteristiche genetiche specifiche delle viti Piwi rappresentano un equilibrio delicato tra resistenza alle malattie e qualità del vino, un risultato ottenuto attraverso incroci mirati e selezioni genetiche. La continua ricerca genetica mira a migliorare ulteriormente queste caratteristiche, rendendo le viti Piwi sempre più attraenti per i viticoltori in tutto il mondo.

CAPITOLO 4

Coltivazione delle Viti Piwi: Terreno, Clima e Condizioni Ideali

Terreno

Drenaggio: I terreni con un buon sistema di drenaggio sono fondamentali per evitare il ristagno d'acqua intorno alle radici delle viti, riducendo così il rischio di malattie fungine.

Composizione del Suolo: I terreni ben aerati e con una composizione equilibrata, preferibilmente argillosi o limosi, ma non eccessivamente compatti, sono adatti per la coltivazione delle viti Piwi.

pH del Suolo: Un pH del suolo ottimale, generalmente intorno a 6-7, favorisce la crescita delle viti Piwi, anche se alcune varietà possono adattarsi a variazioni del pH.

Clima

Temperatura: Le viti Piwi prosperano in climi moderati, ma molte varietà dimostrano una notevole resistenza alle variazioni di temperatura, consentendo la coltivazione in una vasta gamma di climi.

Esposizione al Sole: L'esposizione solare ottimale varia a seconda delle varietà, ma in generale, le viti Piwi richiedono una buona esposizione alla luce solare per sviluppare al meglio le uve.

Precipitazioni: Sebbene la resistenza alle malattie fungine sia un vantaggio, è essenziale che il terreno non sia eccessivamente umido. Un equilibrio tra irrigazione controllata e piogge moderate è importante.

Condizioni Ambientali

Altitudine: Le viti Piwi possono essere coltivate a diverse altitudini, ma le condizioni specifiche possono variare a seconda della varietà. Alcune varietà potrebbero mostrare preferenza per altitudini più elevate rispetto ad altre.

Vento e Umidità: Una moderata ventilazione e una bassa umidità possono contribuire a ridurre il rischio di malattie fungine, anche se molte varietà Piwi sono in grado di tollerare condizioni ambientali leggermente più umide.

La scelta del terreno, la considerazione del clima locale e delle condizioni ambientali sono fondamentali per la coltivazione di viti Piwi di successo. Adattare queste variabili alle esigenze specifiche delle varietà di viti Piwi può massimizzare la loro resa e la qualità delle uve prodotte.

TECNICHE DI COLTIVAZIONE E POTATURA SPECIFICHE:

le viti Piwi richiedono alcune tecniche di coltivazione e potatura specifiche per massimizzare la loro salute e produttività. Ecco alcune pratiche chiave:

Tecniche di Coltivazione:

Sistema di Allevamento:

Il sistema di allevamento più comune per le viti Piwi

è la cordone speronato o la Guyot, che permette una buona esposizione al sole e una gestione efficace della vegetazione.

Irrigazione Controllata:

La quantità e il momento dell'irrigazione sono cruciali per evitare ristagni d'acqua e garantire una crescita sana delle viti. L'irrigazione controllata può essere fondamentale soprattutto durante le fasi cruciali di crescita delle viti.

Controllo delle Erbacce:

Il mantenimento del terreno libero da erbacce è essenziale per prevenire la competizione con le viti per i nutrienti e l'acqua.

Fertilizzazione Adeguata:

Una corretta fertilizzazione, con l'apporto di nutrienti essenziali come azoto, fosforo e potassio, è cruciale per la salute e lo sviluppo delle viti Piwi.

Tecniche di Potatura:

Potatura Invernale:

La potatura invernale è vitale per regolare la crescita delle viti, eliminare i tralci non necessari e favorire una corretta aerazione e esposizione alla luce solare.

Potatura Verde:

La potatura verde è un'altra pratica importante che coinvolge la rimozione di foglie, tralci o grappoli superflui durante la stagione di crescita. Questa pratica aiuta a migliorare la qualità delle uve, concentrandone la maturazione.

Riduzione della Carica di Gemme:

Limitare il numero di gemme o grappoli per pianta può migliorare la qualità delle uve, poiché la pianta può concentrare le sue risorse su un numero minore di frutti.

Gestione dell'Espansione Vegetativa:

Controllare la crescita vegetativa e la densità della vegetazione è cruciale per garantire che la pianta dedichi energia alla produzione di uve di alta qualità.

Rinnovo e Sostituzione dei Germogli:

Il rinnovo dei rami più vecchi e la sostituzione di quelli danneggiati aiutano a mantenere la vitalità della vite e a garantire una produzione costante di uve.

L'applicazione attenta e mirata di queste tecniche di coltivazione e potatura può contribuire in modo significativo alla salute delle viti Piwi, migliorando la loro resa e la qualità delle uve prodotte.

CAPITOLO 5

Resistenza alle Malattie Fungine nelle Viti Piwi:

Oidio (Uncinula necator):

Le viti Piwi mostrano una resistenza notevole all'oidio, una malattia comune e dannosa che colpisce le viti tradizionali. Questa resistenza è stata ottenuta attraverso incroci con specie resistenti.

Peronospora (Plasmopara viticola):

Altra malattia fungina comune e dannosa è la peronospora. Le viti Piwi hanno dimostrato una maggiore resistenza a questa malattia, riducendo la dipendenza dagli antifungini.

Batteriofagi (Xylophilus ampelinus):

Le viti Piwi mostrano una maggiore tolleranza anche ai batteriofagi, contribuendo alla protezione dalla Flavescenza dorata, una grave malattia trasmessa da insetti.

Metodi di Difesa Naturale:

Le viti Piwi, grazie alla loro genetica, sviluppano meccanismi di difesa naturali, come la produzione di sostanze chimiche interne o la modificazione della struttura delle foglie, che ostacolano la propagazione delle malattie.

Riduzione dell'Utilizzo di Pesticidi:

La maggiore resistenza delle viti Piwi alle malattie fungine riduce drasticamente la necessità di trattamenti chimici. Ciò implica una diminuzione significativa dell'uso di pesticidi, rendendo la coltivazione più sostenibile e rispettosa dell'ambiente.

Sostenibilità Ambientale:

La minore dipendenza da pesticidi chimici contribuisce all'ecosistema circostante, preservando la biodiversità del suolo e riducendo l'inquinamento ambientale.

Ricerca Continua:

Gli sforzi di ricerca continuano per migliorare ulteriormente la resistenza alle malattie fungine delle viti Piwi e per sviluppare varietà ancora più resistenti, riducendo al minimo l'uso di trattamenti chimici.

L'aspetto cruciale della resistenza alle malattie fungine nelle viti Piwi non solo garantisce la salute delle viti stesse, ma ha un impatto significativo sulla sostenibilità ambientale dell'intero settore vitivinicolo, riducendo l'impatto ambientale e migliorando la salute dei terreni agricoli.

IMPATTO AMBIENTALE E SOSTENIBILITA' DELLA COLTIVAZIONE DELLE VITI PIWI

La coltivazione delle viti Piwi ha un impatto ambientale positivo e contribuisce alla sostenibilità in diversi modi:

Riduzione dell'Uso di Pesticidi: Le viti Piwi sono geneticamente resistenti a molte malattie fungine comuni, riducendo la necessità di trattamenti chimici. Ciò porta a una significativa diminuzione dell'uso di pesticidi, limitando l'impatto negativo sull'ambiente e sulla salute umana.

Minore Erosione del Suolo: La coltivazione delle viti Piwi può comportare pratiche agricole che riducono l'erosione del suolo, come l'adozione di tecniche di copertura del suolo o la riduzione delle operazioni meccaniche, preservando la fertilità del terreno.

Risparmio Idrico: Le viti Piwi, grazie alla loro resistenza alle malattie, richiedono meno trattamenti con pesticidi, che spesso richiedono abbondante acqua per l'applicazione. Ciò può portare a un minor consumo complessivo di acqua nel processo di coltivazione.

Biodiversità e Conservazione: La riduzione dell'uso di pesticidi favorisce un ambiente più favorevole alla biodiversità, preservando flora e fauna che altrimenti potrebbero essere danneggiate dall'uso eccessivo di sostanze chimiche.

Minori Emissioni di Gas Serra: La riduzione dell'uso di trattamenti chimici nelle viti Piwi può contribuire a minori emissioni di gas serra legate alla produzione, all'applicazione e alla produzione di tali sostanze chimiche.

Sostenibilità Economica: La diminuzione dei costi associati all'acquisto e all'applicazione di pesticidi può migliorare la sostenibilità economica delle aziende vitivinicole, rendendo più stabili i loro risultati finanziari.

Innovazione Continua: Gli sforzi di ricerca continui nel campo delle viti Piwi mirano a sviluppare varietà ancora più resistenti e adattabili, contribuendo a una pratica agricola sempre più sostenibile e amica dell'ambiente.

L'adozione delle viti Piwi può quindi rappresentare una tappa significativa verso la sostenibilità nell'industria vitivinicola, riducendo l'impatto ambientale e promuovendo pratiche agricole più eco-compatibili e responsabili.

CAPITOLO 6

VINIFICAZIONE CON VITI PIWI

Processi e tecniche di vinificazione adatte alle viti resistenti

La vinificazione delle uve provenienti dalle viti Piwi richiede alcune considerazioni specifiche e l'adattamento delle tecniche per sfruttarne al meglio le caratteristiche. Ecco alcune pratiche e processi importanti:

Selezione e Raccolta delle Uve:

Le viti Piwi possono produrre uve con caratteristiche organolettiche diverse rispetto alle varietà tradizionali. La raccolta delle uve dovrebbe essere effettuata considerando il momento ottimale di maturazione per ottenere il profilo aromatico desiderato.

Macerazione e Pressatura:

La macerazione e la pressatura devono essere adattate alle specifiche varietà Piwi per ottenere il miglior equilibrio tra estrazione di aromi e tannini e preservazione della freschezza e dell'acidità.

Fermentazione:

La gestione della fermentazione può richiedere attenzione

particolare. Alcune varietà Piwi possono richiedere diverse temperature di fermentazione o diversi ceppi di lievito per esaltare le caratteristiche aromatiche e mantenere la freschezza.

Elevage (Invecchiamento):

Il periodo e il tipo di invecchiamento possono variare a seconda delle varietà Piwi. Alcune possono richiedere meno tempo in botti di legno per mantenere la freschezza e la vivacità dei profumi.

Analisi Sensoriale e Valutazione Qualitativa:

Poiché le viti Piwi possono offrire profili aromatici unici, è importante condurre analisi sensoriali per valutare la qualità dei vini prodotti e adattare eventualmente le tecniche di vinificazione per esaltarne le caratteristiche.

Sperimentazione e Adattamento:

L'industria vinicola continua a sperimentare e ad adattare le tecniche di vinificazione per valorizzare al meglio le uve Piwi. Questo processo è in continua evoluzione per scoprire nuovi approcci e metodi.

Comunicazione e Marketing:

Informare i consumatori sulle caratteristiche uniche dei vini prodotti da uve Piwi è importante per la loro accettazione e apprezzamento. La trasparenza riguardo alle varietà utilizzate e alle pratiche sostenibili può contribuire a una migliore comprensione e apprezzamento del prodotto finale.

Adattare le pratiche di vinificazione alle specifiche caratteristiche delle viti Piwi è cruciale per sfruttare al meglio le loro peculiarità, che possono variare notevolmente rispetto alle varietà tradizionali. La flessibilità e la sperimentazione sono chiave per ottenere vini di alta qualità e caratteristiche distintive dai vigneti di viti Piwi.

CARATTERISTICHE DEI VINI OTTENUTI DALLE VITI PIWI

I vini ottenuti dalle viti Piwi possono presentare diverse caratteristiche che li distinguono dai vini prodotti con le varietà tradizionali di Vitis vinifera. Alcune delle caratteristiche tipiche includono:

Aromi e Profumi Unici: I vini Piwi spesso offrono profili aromatici distinti, che possono includere note di frutta esotica, agrumi, erbe aromatiche o fiori, a seconda delle varietà.

Equilibrio Tra Acidità e Dolcezza: Molte varietà Piwi mantengono un'acidità fresca e vivace, bilanciata da una dolcezza delicata, contribuendo a vini equilibrati e armoniosi.

Struttura Gustativa Differente: Possono mostrare una struttura gustativa diversa, con tannini morbidi e una consistenza setosa o vellutata, offrendo una sensazione in bocca particolare.

Complessità e Profondità: Alcune varietà Piwi possono offrire una complessità aromatica e gustativa che si sviluppa in modo unico durante l'invecchiamento, arricchendo la bevuta nel tempo.

Persistenza e Lunghezza: I vini Piwi possono avere una persistenza aromatica e una lunghezza in bocca notevoli, mantenendo i loro sapori e profumi anche dopo la deglutizione.

Adattabilità Gastronomica: Grazie alla loro acidità bilanciata e ai profili aromatici distinti, molti vini Piwi si prestano bene all'accostamento con una varietà di piatti, offrendo un'elevata versatilità gastronomica.

Innovazione e Variazione: La diversità genetica delle viti Piwi porta a una vasta gamma di profili di vino, permettendo agli enologi di sperimentare e creare vini innovativi e unici.

Sostenibilità e Riduzione di Pesticidi: Un tratto distintivo è il contributo alla sostenibilità dell'industria vinicola, grazie alla resistenza alle malattie che riduce l'uso di pesticidi durante la coltivazione.

Queste caratteristiche possono variare considerevolmente a seconda delle varietà specifiche di viti Piwi e delle tecniche di vinificazione utilizzate, offrendo un'ampia gamma di esperienze sensoriali e gustative ai consumatori.

CAPITOLO 7

RUOLO DELLE VITI PIWI NEL CONTESTO ENOLOGICO

Posizione delle viti resistenti nel mercato del vino

Le viti Piwi, con la loro resistenza alle malattie fungine e le caratteristiche uniche, stanno guadagnando una posizione sempre più rilevante nel mercato del vino per diverse ragioni:

Sostenibilità Ambientale: La crescente consapevolezza ambientale sta spingendo verso pratiche agricole sostenibili. Le viti Piwi, riducendo l'uso di pesticidi, rispondono a questa domanda di sostenibilità.

Riduzione dei Costi di Produzione: La resistenza naturale delle viti Piwi alle malattie riduce la necessità di trattamenti chimici, diminuendo i costi di produzione per i viticoltori.

Adattabilità Climatica: Molte varietà Piwi sono adattabili a una vasta gamma di climi, offrendo ai viticoltori la flessibilità di coltivare uve di qualità anche in regioni con condizioni climatiche diverse.

Innovazione e Unicità: Le viti Piwi offrono un'opportunità di innovazione nel mondo del vino, permettendo agli enologi di creare vini con profili aromatici e gustativi unici.

Variazione dell'Offerta: Le viti Piwi aumentano la diversità dell'offerta di vini sul mercato, offrendo ai consumatori una gamma più ampia di opzioni e sperimentazioni enologiche.

Accettazione dei Consumatori: L'accettazione dei vini ottenuti da viti resistenti sta crescendo. I consumatori apprezzano l'idea di prodotti enologici che mantengono standard qualitativi elevati mentre riducono l'impatto ambientale.

Sviluppo Tecnologico: Il continuo sviluppo delle viti Piwi attraverso la ricerca e l'innovazione genetica sta aumentando la loro popolarità, producendo varietà sempre più adatte e di qualità.

Ruolo nell'Industria Futura: Le viti Piwi potrebbero svolgere un ruolo importante nell'adattamento dell'industria vitivinicola ai cambiamenti climatici, fornendo soluzioni resilienti e sostenibili.

Nonostante la crescente accettazione e il ruolo significativo che stanno assumendo, è importante notare che le viti Piwi non sostituiranno completamente le varietà tradizionali. Piuttosto, offrono un'opportunità di diversificazione e sperimentazione nell'industria del vino, consentendo ai produttori di soddisfare una gamma più ampia di esigenze e preferenze dei consumatori.

ACCOGLIENZA E PERCEZIONE DEL VINO PIWI DA PARTE DEI CONSUMATORI

L'accoglienza dei vini prodotti dalle viti Piwi da parte dei consumatori è un tema interessante e in evoluzione. Ecco alcuni aspetti che influenzano la percezione dei consumatori riguardo a questi vini:

Sostenibilità Ambientale: I consumatori sempre più sensibili alle tematiche ambientali vedono positivamente l'uso delle viti Piwi. La riduzione dell'uso di pesticidi può essere un punto di attrazione per coloro che cercano prodotti sostenibili.

Variazione e Unicità: La diversità offerta dai vini Piwi attrae chi è interessato a nuove esperienze sensoriali. La varietà di profumi e sapori può intrigare i consumatori in cerca di vini diversi dai tradizionali.

Consapevolezza e Comunicazione: L'informazione sulle caratteristiche uniche dei vini prodotti da viti Piwi è essenziale. La trasparenza riguardo alle varietà utilizzate e alle pratiche sostenibili può favorire l'accettazione dei consumatori.

Educazione Enogastronomica: L'educazione dei consumatori sulle varie varietà Piwi, sulle loro caratteristiche e sulla qualità dei vini che producono può influenzare positivamente la percezione di tali vini.

Accettazione Evolutiva: Con il passare del tempo e con un maggiore accesso ai vini prodotti da viti Piwi, i consumatori potrebbero familiarizzare e apprezzare maggiormente la loro unicità.

Qualità del Prodotto Finale: La qualità del vino è sempre una considerazione chiave. I vini prodotti da viti Piwi devono garantire un alto standard qualitativo per ottenere l'accettazione dei consumatori.

Prezzo e Posizionamento: Il prezzo e la posizione dei vini Piwi sul mercato sono fattori cruciali. L'equilibrio tra qualità e prezzo può influenzare la percezione dei consumatori rispetto alla loro convenienza.

In generale, la percezione dei consumatori nei confronti dei vini Piwi è in fase di cambiamento. Molti consumatori sono aperti all'idea di nuove varietà e approcci sostenibili nella produzione vinicola. Tuttavia, la trasparenza, l'educazione e la dimostrazione della qualità e della varietà offerta da queste viti giocano un ruolo importante nell'accettazione da parte dei consumatori.

CAPITOLO 8

Progetti di ricerca attuali nel campo delle viti resistenti

Nel campo delle viti resistenti, la ricerca è attiva e mira a diversi obiettivi per migliorare ulteriormente la resistenza alle malattie e per sviluppare varietà di viti sempre più adattabili e di alta qualità. Alcuni progetti di ricerca attuali includono:

Selezione Genetica Avanzata: Gli scienziati stanno identificando e selezionando marcatori genetici per la resistenza alle malattie. Questo consente una selezione più precisa delle varietà di viti Piwi con caratteristiche desiderate.

Ricerca di Nuove Varietà: Si stanno sviluppando varietà di viti Piwi che combinano resistenza alle malattie con caratteristiche enologiche eccezionali. L'obiettivo è ottenere varietà che producano vini di alta qualità senza compromettere le caratteristiche organolettiche.

Adattabilità Climatica: Gli sforzi di ricerca mirano a migliorare l'adattabilità delle viti Piwi a una più ampia gamma di condizioni climatiche, consentendo la coltivazione in regioni diverse e in climi variabili.

Resistenza a Nuove Malattie: La ricerca è concentrata

sull'identificazione e sull'introduzione di resistenza a malattie non ancora controllate nelle viti, ampliando così il loro spettro di difesa.

Sviluppo di Nuove Tecnologie Agricole: L'innovazione nelle pratiche agricole e nelle tecnologie, come l'uso di sensori e sistemi di monitoraggio avanzati, può migliorare la gestione del vigneto, ottimizzando la salute delle viti e riducendo al minimo l'uso di risorse.

Ricerca sull'Impatto Ambientale: Gli studi valutano l'impatto ambientale dell'uso delle viti Piwi a lungo termine, confrontando i sistemi di coltivazione e valutando l'ecosistema circostante.

Comunicazione e Educazione: Progetti educativi mirano a informare i viticoltori, gli enologi e i consumatori sulle potenzialità delle viti Piwi, spiegando i benefici e le caratteristiche uniche di queste varietà.

L'obiettivo di questi progetti è sviluppare varietà di viti sempre più resistenti, adattabili e di alta qualità, mantenendo nel contempo un approccio sostenibile e rispettoso dell'ambiente. La ricerca in questo campo è in costante evoluzione per affrontare le sfide attuali e futuribili nel settore vitivinicolo.

SVILUPPI TECNOLOGICI E FUTURE PROSPETTIVE

I futuri sviluppi tecnologici nel settore vitivinicolo potrebbero concentrarsi su diverse aree per migliorare la produzione, la sostenibilità e la qualità dei vini ottenuti dalle viti Piwi:

Tecnologie Precisione in Agricoltura: L'uso di sensori, droni e sistemi di monitoraggio avanzati può consentire ai viticoltori di raccogliere dati dettagliati sulle condizioni delle viti, permettendo un intervento preciso e tempestivo.

Innovazioni Genetiche: La ricerca genetica potrebbe portare a varietà di viti Piwi ancora più resistenti e adattabili, ottimizzate per diversi terreni e condizioni climatiche.

Applicazioni Digitali e Software Agricoli: L'adozione di software specializzati può aiutare i viticoltori nella gestione delle coltivazioni, dall'irrigazione alla gestione delle malattie, ottimizzando le pratiche agricole.

Tecnologie di Vinificazione Avanzate: L'innovazione nelle tecniche di vinificazione, come l'uso di lieviti selezionati o fermentazioni controllate, può contribuire a esaltarne le caratteristiche uniche.

Biotecnologie per la Resistenza alle Malattie: La ricerca sulle biotecnologie potrebbe offrire nuovi approcci per migliorare la resistenza alle malattie, sfruttando strategie come la modifica genetica o la selezione assistita.

Approccio Circolare e Sostenibile: L'implementazione di pratiche agricole circolari, ad esempio il riciclo dei sottoprodotti del processo di vinificazione per ridurre gli sprechi e l'impatto ambientale.

Sviluppo di Nuove Pratiche Enologiche: L'innovazione nelle pratiche enologiche può produrre vini con profili aromatici e gustativi più distintivi, sperimentando ad esempio con la macerazione carbonica o l'uso di contenitori innovativi per l'invecchiamento.

Sistemi di Etichettatura e Tracciabilità: Lo sviluppo di sistemi di tracciabilità avanzati può fornire ai consumatori informazioni dettagliate sull'origine e sulla qualità del vino, aumentando la trasparenza e la fiducia del consumatore.

Questi sviluppi tecnologici, se integrati e adottati nel settore vitivinicolo, potrebbero portare a miglioramenti significativi nella qualità, nella sostenibilità e nell'innovazione dei vini prodotti dalle viti Piwi, contribuendo a un settore più efficiente e rispettoso dell'ambiente.

CAPITOLO 9

IMPATTO SOCIALE ED ECONOMICO

Ruolo delle viti Piwi nell'economia locale e nel tessuto sociale

Le viti Piwi svolgono diversi ruoli nell'economia locale e nel tessuto sociale delle comunità vitivinicole:

Sostenibilità Economica: Riducendo i costi di produzione grazie alla minore necessità di trattamenti chimici, le viti Piwi possono contribuire alla sostenibilità economica delle aziende vitivinicole, specialmente nelle piccole e medie imprese.

Diversificazione Economica: L'introduzione delle viti Piwi può diversificare l'offerta di vini di una regione, offrendo una gamma più ampia di prodotti che possono attirare nuovi segmenti di mercato.

Crescita del Turismo Enogastronomico: Le varietà di viti Piwi, con i loro vini unici e la storia della loro coltivazione, possono attrarre turisti interessati a esplorare e degustare prodotti vinicoli diversi e sostenibili.

Sviluppo Rurale: Nelle zone rurali, la coltivazione delle viti Piwi può offrire opportunità di occupazione e sviluppo locale, coinvolgendo la comunità in attività agricole sostenibili.

Sensibilizzazione Ambientale: La transizione verso pratiche agricole più sostenibili può innescare una maggiore consapevolezza ambientale nella comunità, stimolando discussioni sulla protezione ambientale e sull'agricoltura responsabile.

Preservazione della Tradizione: Introdurre nuove varietà di viti può anche essere vista come un modo per preservare la tradizione vitivinicola, adattandola alle sfide ambientali e al cambiamento climatico.

Coinvolgimento delle Comunità Locali: La coltivazione delle viti Piwi può coinvolgere le comunità locali in progetti di ricerca, promuovendo la partecipazione e la consapevolezza sulle nuove frontiere dell'agricoltura.

Promozione della Cultura del Vino: Le viti Piwi possono contribuire alla promozione della cultura del vino, offrendo esperienze di degustazione diverse e incoraggiando la conoscenza e l'apprezzamento dei vini alternativi.

Il ruolo delle viti Piwi nell'economia locale e nel tessuto sociale è multiforme, influenzando sia gli aspetti economici che quelli sociali delle comunità legate al settore vitivinicolo. La loro introduzione può portare cambiamenti positivi in termini di sostenibilità, diversificazione economica e coinvolgimento della comunità nelle pratiche agricole innovative.

PROGETTI DI SVILUPPO E BENEFICI PER LE COMUNITA'

I progetti di sviluppo legati alle viti Piwi possono apportare diversi benefici alle comunità locali:

Sostenibilità Ambientale: La transizione verso viti Piwi, con la loro resistenza alle malattie, riduce l'uso di pesticidi e promuove pratiche agricole sostenibili, migliorando la salute del suolo e dell'ecosistema circostante.

Crescita Economica: L'introduzione delle viti Piwi può aumentare la diversificazione della produzione vitivinicola, ampliando il portafoglio di prodotti e creando nuove opportunità economiche per i produttori locali.

Occupazione e Lavoro Locale: La coltivazione delle viti Piwi può generare nuovi posti di lavoro nelle operazioni di coltivazione, raccolta e produzione, contribuendo alla crescita economica delle comunità agricole.

Valorizzazione del Territorio: La promozione dei vini ottenuti dalle viti Piwi può attirare l'attenzione turistica sulle regioni vitivinicole, portando a una maggiore valorizzazione delle risorse locali e allo sviluppo dell'enoturismo.

Educazione e Ricerca: Progetti di ricerca e educazione legati alle viti Piwi possono coinvolgere le comunità locali, fornendo opportunità di apprendimento e sviluppo di competenze nel settore vitivinicolo.

Resilienza al Cambiamento Climatico: Le viti Piwi, adattabili a una gamma più ampia di condizioni climatiche, possono contribuire alla resilienza delle comunità agricole alle sfide legate al cambiamento climatico.

Preservazione della Cultura Locale: L'introduzione di nuove varietà di viti può arricchire e preservare la storia e la tradizione vitivinicola delle comunità locali, mantenendo vive le pratiche culturali e storiche.

Collaborazione e Coesione Comunitaria: La partecipazione a progetti di sviluppo legati alle viti Piwi può favorire la collaborazione tra agricoltori, produttori di vino e altri attori del settore, promuovendo la coesione all'interno delle comunità rurali.

In sintesi, i progetti di sviluppo legati alle viti Piwi offrono opportunità di crescita economica, sostenibilità ambientale, sviluppo turistico e valorizzazione delle risorse locali, contribuendo al benessere generale delle comunità rurali coinvolte nel settore vitivinicolo.

CAPITOLO 10

Guida alla degustazione dei vini delle viti Piwi

Assicurati di seguire questi passaggi durante la degustazione dei vini prodotti dalle viti Piwi:

Osservazione Visiva: Versa il vino in un bicchiere trasparente e osserva il colore. I vini delle viti Piwi possono avere tonalità variegate, da gialli brillanti a rossi intensi. Valuta la limpidezza e la consistenza.

Olfatto: Ruota il bicchiere delicatamente per far volatilizzare gli aromi e annusa il vino. I vini Piwi possono offrire profili aromatici distinti, da fruttati a floreali, con note che possono ricordare frutti tropicali, agrumi o erbe aromatiche.

Gusto: Assaggia il vino, facendolo girare in bocca per valutarne la struttura e il sapore. Valuta l'equilibrio tra acidità, dolcezza e tannini, notando eventuali sensazioni di freschezza o morbidezza.

Retrogusto e Persistenza: Dopo aver deglutito il vino, valuta la persistenza dei suoi aromi in bocca (retrogusto). I vini delle viti Piwi possono lasciare sensazioni persistenti e piacevoli che continuano anche dopo la deglutizione.

Abbinamenti Gastronomici: Esplora gli abbinamenti alimentari con i vini delle viti Piwi. Grazie alla loro freschezza e alla varietà di aromi, possono accompagnare piatti diversi, come pesce, insalate, piatti a base di verdure o carni bianche.

Ricorda che la degustazione dei vini delle viti Piwi può portare a esperienze sensoriali uniche e diverse rispetto ai vini tradizionali, quindi lasciati guidare dalle tue preferenze personali e sperimenta con diversi cibi per scoprire gli abbinamenti che preferisci.

ABBINAMENTI CULINARI CONSIGLIATI

I vini delle viti Piwi, con i loro profili aromatici distinti e la freschezza, si prestano ad abbinamenti culinari interessanti. Ecco alcuni suggerimenti:

Frutti di Mare: Vini bianchi delle viti Piwi con note fruttate e freschezza si abbinano bene con frutti di mare, come gamberi, ostriche, tartufi di mare o piatti a base di pesce leggeri e delicati.

Insalate e Verdure: Un vino bianco leggero e fresco dalle viti Piwi può accompagnare insalate miste, verdure grigliate o piatti vegetariani, enfatizzando la freschezza e la vivacità del vino.

Carni Bianche: Per le carni bianche, come il pollo alla griglia o le preparazioni di tacchino, un vino bianco strutturato o un rosato dalle viti Piwi possono essere ottimi abbinamenti.

Formaggi Freschi e Dolci: Alcuni formaggi freschi o dolci, come caprini o formaggi cremosi, possono essere valorizzati da un vino bianco aromatico e fresco.

Piatti Esotici: I vini delle viti Piwi con note tropicali si sposano bene con piatti esotici, come cucina asiatica o piatti speziati che richiedono un vino fresco per contrastare i sapori intensi.

Piatti a Base di Erbe Aromatiche: Piatti conditi con erbe aromatiche fresche, come basilico, prezzemolo o coriandolo, possono essere accompagnati da vini delle viti Piwi con note erbacee.

Dessert Fruttati o Dolci Leggeri: Alcuni vini delle viti Piwi, come rosati delicati o vini bianchi dolci, si abbinano bene a dessert a base di frutta fresca o dolci leggeri, esaltando i sapori fruttati.

Esplorare e sperimentare con gli abbinamenti è sempre divertente. I vini delle viti Piwi offrono una vasta gamma di profili aromatici e gustativi, quindi vale la pena provare diverse combinazioni per scoprire quali si adattano meglio ai tuoi gusti personali.

CAPITOLO 11

CRITICITA' E SFIDE

Sfide attuali e possibili ostacoli nella coltivazione e nell'accettazione dei vini Piwi

Nel contesto della coltivazione e dell'accettazione dei vini delle viti Piwi, alcune sfide e ostacoli attuali includono:

Percezione dei Consumatori: L'accettazione dei vini prodotti dalle viti Piwi potrebbe essere limitata a causa della mancanza di familiarità dei consumatori con queste varietà, portando a una resistenza nell'acquisto e nel consumo.

Educazione e Informazione: La mancanza di informazioni dettagliate sui vini delle viti Piwi può limitare la comprensione dei consumatori sulle loro caratteristiche uniche e sulle loro qualità organolettiche, influenzando l'accettazione del prodotto.

Variazione delle Caratteristiche Aromatiche: Poiché le varietà delle viti Piwi possono offrire profili aromatici diversi e meno familiari rispetto alle varietà tradizionali, alcuni consumatori potrebbero percepire queste differenze come "fuori dagli standard" e quindi meno attraenti.

Sfide Tecniche: La coltivazione delle viti Piwi può richiedere un diverso approccio tecnico rispetto alle varietà tradizionali, implicando la necessità di aggiornamenti nelle tecniche agricole e di vinificazione.

Regolamentazioni e Standardizzazione: Le regolamentazioni enologiche potrebbero non essere pienamente adattate alle varietà delle viti Piwi, rendendo difficile l'inquadramento di queste nuove varietà nei criteri e nelle classificazioni esistenti.

Sfide di Mercato: Nelle regioni in cui le varietà tradizionali hanno una forte presenza, l'introduzione delle viti Piwi potrebbe essere difficile a causa della concorrenza consolidata sul mercato.

Approccio Tradizionale alla Viticoltura: In alcuni contesti, l'attaccamento alle varietà tradizionali potrebbe ostacolare l'adozione delle viti Piwi, specialmente nelle zone con una lunga tradizione vitivinicola.

Affrontare queste sfide richiede un approccio integrato che includa sforzi educativi, comunicazione trasparente, promozione delle caratteristiche uniche dei vini delle viti Piwi e possibilmente adattamenti normativi che riconoscano la loro diversità e specificità nel settore vitivinicolo.

STRATEGIE PER SUPERARE LE SFIDE

Per affrontare le sfide nell'accettazione e nella coltivazione dei vini delle viti Piwi, alcune strategie potrebbero essere:

Educazione e Comunicazione: Investire in programmi educativi per viticoltori, enologi e consumatori al fine di aumentare la consapevolezza sulle caratteristiche uniche e le qualità dei vini delle viti Piwi. Questo potrebbe coinvolgere degustazioni, eventi divulgativi e materiale informativo chiaro e accessibile.

Collaborazione e Ricerca: Promuovere la ricerca e lo sviluppo di varietà Piwi adattabili e di alta qualità attraverso partnership tra istituti di ricerca, università e settore privato. Questo potrebbe portare a varietà più apprezzate e adattabili ai diversi contesti.

Sperimentazione e Innovazione: Incoraggiare gli enologi a sperimentare con le viti Piwi per sviluppare nuove tecniche di vinificazione che valorizzino al meglio le caratteristiche di questi vini. L'innovazione può contribuire a creare vini più accattivanti e di alta qualità.

Campagne di Marketing Mirate: Creare campagne di marketing focalizzate che evidenzino i benefici ambientali, la sostenibilità e la varietà sensoriale dei vini delle viti Piwi. Questo potrebbe coinvolgere anche l'uso di testimonial o esperti del settore per aumentare la fiducia dei consumatori.

Adattamento Normativo: Collaborare con le istituzioni e gli enti regolatori per adattare le regolamentazioni esistenti in modo da riconoscere e includere le viti Piwi nei criteri di qualità e nelle denominazioni, garantendo il loro riconoscimento formale.

Collaborazione tra Attori del Settore: Promuovere la collaborazione tra produttori, consorzi vitivinicoli, istituzioni e associazioni per condividere conoscenze, esperienze e risorse, favorendo un approccio più integrato e cooperativo al settore.

Focus sull'Eccellenza: Concentrarsi sulla produzione di vini di alta qualità dalle viti Piwi, mostrando le loro caratteristiche uniche e garantendo standard elevati per aumentare la fiducia dei consumatori.

Adattabilità alle Esigenze del Mercato: Mantenere un occhio attento alle esigenze e ai gusti dei consumatori, adattando la produzione di vini delle viti Piwi in base alle richieste del mercato per aumentarne l'accettazione.

L'adozione di queste strategie richiede un impegno costante da parte del settore vitivinicolo, delle istituzioni e dei consumatori stessi. La combinazione di educazione, innovazione e collaborazione potrebbe contribuire a superare le sfide attuali e ad aumentare l'accettazione dei vini delle viti Piwi sul mercato.

CAPITOLO 12

SUCCESSI E TESTIMONIANZE

Esperienze di successo di viticoltori che hanno adottato viti Piwi

Ci sono diverse testimonianze di successo da viticoltori che hanno adottato le viti Piwi nelle loro coltivazioni. Alcuni di questi successi includono:

Riduzione dell'Uso di Pesticidi: Viticoltori che hanno abbracciato le viti Piwi riportano una significativa riduzione dell'uso di pesticidi e fungicidi nei loro vigneti. Questo ha non solo ridotto i costi di produzione ma ha anche migliorato la salute del suolo e dell'ambiente circostante.

Resilienza alle Malattie: I viticoltori sottolineano la maggiore resistenza delle viti Piwi alle malattie fungine. Questa resistenza ha ridotto la necessità di trattamenti chimici e ha migliorato la robustezza delle viti nelle condizioni ambientali sfavorevoli.

Qualità del Vino: Le testimonianze evidenziano la produzione di vini di alta qualità dalle viti Piwi. I viticoltori sottolineano la varietà di aromi e sapori unici offerti da queste varietà, portando a vini distinti e apprezzati dai consumatori.

Accettazione del Mercato: In alcune regioni, viticoltori che hanno introdotto con successo le viti Piwi riportano un aumento dell'interesse da parte dei consumatori e dei mercati per i loro vini unici e sostenibili.

Adattabilità alle Condizioni Ambientali: Testimonianze di viticoltori sottolineano l'adattabilità delle viti Piwi a una gamma più ampia di condizioni climatiche e terreni, consentendo una maggiore flessibilità nella coltivazione.

Risparmio Economico: La riduzione dei costi di produzione, combinata con la produzione di vini di alta qualità, ha portato a un miglioramento del margine di profitto per alcuni viticoltori che hanno adottato le viti Piwi.

Queste esperienze di successo sono incoraggianti e dimostrano il potenziale delle viti Piwi nell'industria vinicola. L'adozione di queste varietà da parte dei viticoltori ha portato a risultati positivi non solo in termini di sostenibilità ambientale ma anche in termini di qualità e accettazione sul mercato.

TESTIMONIANZE DI CONSUMATORI E ESPERTI DEL SETTORE

Le testimonianze dei consumatori e degli esperti nel settore vitivinicolo riguardo ai vini delle viti Piwi spesso evidenziano:

Novità e Originalità: I consumatori sottolineano l'originalità e la novità dei vini delle viti Piwi, apprezzando la diversità aromatica e gustativa che differisce dalle varietà tradizionali.

Aromi Unici: Gli esperti del settore e i consumatori spesso commentano gli aromi distinti dei vini delle viti Piwi, notando note fruttate, floreali e erbacee che li rendono interessanti e apprezzati per la loro complessità.

Sostenibilità e Salute: Molti consumatori sono attratti dalla sostenibilità ambientale della coltivazione delle viti Piwi, apprezzando il ridotto utilizzo di pesticidi e la salute del suolo promossa da queste varietà.

Versatilità Gastronomica: Gli esperti suggeriscono la versatilità dei vini delle viti Piwi negli abbinamenti gastronomici, indicandoli come vini adatti per accompagnare una vasta gamma di piatti, dal pesce alle carni bianche e ai piatti esotici.

Accettazione in Crescita: Le testimonianze dei consumatori indicano una crescente accettazione dei vini delle viti Piwi, notando una maggiore curiosità e interesse per queste varietà e i loro prodotti derivati.

Qualità in Costante Miglioramento: Gli esperti del settore vitivinicolo riconoscono che la qualità dei vini delle viti Piwi è in costante miglioramento, con viticoltori ed enologi che sperimentano e raffinano le tecniche di vinificazione.

Queste testimonianze dimostrano un crescente interesse e apprezzamento da parte dei consumatori e degli esperti del settore per i vini delle viti Piwi. La loro originalità, sostenibilità e qualità in miglioramento stanno guadagnando terreno e attraggono sempre più attenzione sul mercato vinicolo.

CAPITOLO 13

FUTURO DELLE VITI PIWI

Prospettive future nel mondo delle viti resistenti

Il futuro delle viti resistenti, inclusi i vari tipi di viti Piwi, appare promettente e offre diverse prospettive interessanti:

Continua Ricerca e Sviluppo: La ricerca genetica continuerà a giocare un ruolo cruciale nello sviluppo di varietà sempre più resistenti e adattabili. Gli sforzi saranno diretti verso la creazione di viti che offrano una migliore combinazione di resistenza alle malattie e qualità organolettiche dei vini.

Adattabilità al Cambiamento Climatico: Le viti Piwi, con la loro maggiore resistenza e adattabilità a una gamma più ampia di condizioni climatiche, potrebbero diventare sempre più cruciali nel contesto del cambiamento climatico, consentendo una coltivazione più resiliente e sostenibile.

Accettazione e Crescita del Mercato: Si prevede un aumento dell'accettazione dei vini delle viti Piwi da parte dei consumatori, poiché la consapevolezza sulla sostenibilità e l'originalità di questi vini continua a diffondersi. Questo potrebbe portare a una crescita della domanda e a una maggiore presenza sul mercato.

Regolamentazioni e Normative: Potrebbe esserci un adattamento delle normative vitivinicole per includere meglio le viti Piwi, riconoscendo la loro diversità e specificità. Questo potrebbe favorire l'inclusione e l'assegnazione di posizioni più definite all'interno del panorama enologico.

Applicazioni Tecnologiche: L'adozione di tecnologie innovative, come la genomica e la biotecnologia, potrebbe accelerare lo sviluppo di varietà di viti Piwi più resistenti e adattabili, aiutando i viticoltori a gestire meglio le malattie delle viti.

Internazionalizzazione e Diversificazione: Le viti Piwi potrebbero diffondersi oltre le regioni vitivinicole tradizionali, espandendo la loro presenza in nuovi mercati e contribuendo alla diversificazione dell'offerta vinicola a livello globale.

In sintesi, il futuro delle viti resistenti, come le viti Piwi, si prospetta luminoso, con una crescente attenzione, ricerca e sviluppo finalizzati a varietà più resistenti, sostenibili e di alta qualità. Queste viti possono giocare un ruolo significativo nell'affrontare le sfide del settore vitivinicolo, offrendo soluzioni innovative e sostenibili per una produzione vinicola più resilienti e orientate al futuro.

POTENZIALI SCENARI EVOLUTIVI E SVILUPPI ATTESI

Alcuni potenziali scenari evolutivi e sviluppi attesi nel contesto delle viti resistenti, come le viti Piwi, potrebbero includere:

Sviluppo di Nuove Varietà: La continua ricerca genetica potrebbe portare allo sviluppo di nuove varietà di viti Piwi con un miglior equilibrio tra resistenza alle malattie e qualità enologiche desiderate. Queste varietà potrebbero essere adattate a condizioni climatiche sempre più variabili.

Approccio Ecosostenibile: Un crescente interesse per l'agricoltura sostenibile potrebbe spingere verso una maggiore adozione delle viti Piwi, grazie alla loro ridotta necessità di trattamenti chimici e all'impatto ambientale inferiore rispetto alle varietà tradizionali.

Diversificazione Geografica: Le viti Piwi potrebbero diffondersi in nuove regioni vinicole, consentendo ai viticoltori di sperimentare con varietà più resistenti adatte a terreni e climi diversi, ampliando così la mappa delle produzioni vinicole.

Accettazione dei Consumatori: L'educazione dei consumatori sulle caratteristiche e i benefici dei vini delle viti Piwi potrebbe portare a una maggiore accettazione e interesse per queste varietà, incoraggiando la loro presenza sul mercato.

Collaborazione Internazionale: La collaborazione tra istituzioni di ricerca, produttori e enti regolatori su scala internazionale potrebbe favorire lo scambio di conoscenze e l'adozione condivisa di pratiche agricole innovative.

Innovazione Tecnologica: L'adozione di tecnologie avanzate, come la genomica, l'uso di droni per il monitoraggio dei vigneti e l'intelligenza artificiale per l'ottimizzazione delle pratiche agricole, potrebbe migliorare ulteriormente la gestione delle viti Piwi.

Regolamentazioni e Normative: Potrebbe esserci un riconoscimento normativo più definito per le viti resistenti, fornendo linee guida più chiare per la loro coltivazione, vinificazione e commercializzazione.

Questi scenari indicano una tendenza verso un maggiore coinvolgimento delle viti Piwi nel panorama vitivinicolo globale, sia in termini di diffusione geografica che di accettazione da parte dei consumatori, supportati da innovazioni tecnologiche e normative mirate.

CAPITOLO 14

APPLICAZIONI OLTRE LA VITICOLTURA

Utilizzo delle viti Piwi in altri settori o industrie

Le viti Piwi, con le loro caratteristiche di resistenza alle malattie e adattabilità, potrebbero trovare applicazioni in altri settori al di fuori della viticoltura. Ecco alcuni potenziali utilizzi:

Scienza e Ricerca Genetica: Le varietà di viti Piwi, con la loro resistenza, potrebbero essere oggetto di interesse per la ricerca genetica agricola. Lo studio delle loro caratteristiche di resistenza potrebbe essere applicato allo sviluppo di altre colture resistenti alle malattie.

Parchi e Giardini Pubblici: Le viti Piwi, in quanto più resistenti alle malattie e meno esigenti in termini di trattamenti, potrebbero essere utilizzate per la creazione di aree verdi in parchi e giardini pubblici, contribuendo alla biodiversità e alla sostenibilità ambientale.

Progetti di Risanamento Ambientale: In contesti in cui è necessario il ripristino di terreni degradati, le viti Piwi potrebbero essere utilizzate in progetti di rimboschimento o di risanamento ambientale, contribuendo alla rigenerazione del suolo.

Settore Agricolo Sostenibile: Le caratteristiche delle viti Piwi potrebbero essere applicate come modello per lo sviluppo di pratiche agricole sostenibili in altri settori, favorendo la riduzione dell'uso di prodotti chimici e promuovendo la salute del suolo.

Sperimentazioni in Viticoltura Urbana: In contesti urbani, le viti Piwi potrebbero essere sfruttate per la viticoltura urbana, offrendo l'opportunità di coltivare piccole vigne resistenti alle malattie in spazi urbani limitati.

Potenziale Utilizzo Ornamentale: Alcune varietà di viti Piwi, con le loro foglie colorate o le caratteristiche di crescita, potrebbero essere utilizzate per scopi ornamentali in parchi, giardini e aree pubbliche.

Queste sono solo alcune delle possibili applicazioni delle viti Piwi al di fuori della viticoltura. La loro resistenza e adattabilità offrono opportunità interessanti per l'applicazione in diversi contesti, favorendo la sostenibilità e la diversificazione in altre industrie e settori.

POTENZIALI APPLICAZIONI AL DI FUORI DEL MONDO DEL VINO

Le viti Piwi, grazie alla loro resistenza alle malattie e alle condizioni climatiche sfavorevoli, possono trovare applicazioni al di fuori del mondo del vino in vari settori:

Alimentare: Alcune varietà di uva Piwi possono essere utilizzate anche come uva da tavola, fornendo un'opzione di consumo diretto per il consumatore.

Industria Alimentare: L'uva delle viti Piwi può essere impiegata nell'industria alimentare per la produzione di succhi di frutta, marmellate, sciroppi e altri prodotti derivati dell'uva.

Prodotti Salutistici: Gli estratti di uva, compresi quelli ottenuti dalle viti Piwi, sono ricchi di polifenoli, antiossidanti e altri composti benefici. Questi possono essere impiegati nella produzione di integratori alimentari, cosmetici o prodotti per la cura della pelle.

Settore Farmaceutico: Alcuni composti presenti nelle viti Piwi possono avere potenziali benefici per la salute umana. Questi composti potrebbero essere oggetto di ricerca nel settore farmaceutico per lo sviluppo di farmaci o integratori.

Sperimentazione Biomedica: La resistenza delle viti Piwi alle malattie potrebbe essere oggetto di studio in ambito biomedico per comprendere meglio i meccanismi di difesa delle piante e applicarli nella ricerca biomedica.

Settore Ambientale: Le viti Piwi, per la loro resistenza e capacità di crescere in condizioni più sfavorevoli, potrebbero essere utilizzate in progetti di bonifica ambientale, contribuendo alla riparazione di terreni inquinati o degradati.

Produzione di Fibre Tessili: Alcune varietà di viti Piwi potrebbero essere impiegate nella produzione di fibre tessili naturali, come ad esempio la produzione di tessuti eco-sostenibili.

Ricerca e Sviluppo Agricolo: Lo studio delle caratteristiche delle viti Piwi potrebbe essere applicato nel miglioramento genetico di altre colture agricole, favorendo la creazione di piante più resistenti alle malattie.

Queste sono solo alcune delle molteplici potenziali applicazioni delle viti Piwi al di fuori del mondo del vino. La loro resistenza e versatilità aprono diverse opportunità in vari settori, mostrando il potenziale di queste varietà anche al di là dell'industria vinicola.

CAPITOLO 15

CONCLUSIONI E SINTESI

Riassunto dei punti chiave trattati nel libro

Introduzione alle Viti Piwi: Definizione e caratteristiche distintive delle viti Piwi, focalizzate sulla loro resistenza alle malattie e alle condizioni climatiche sfavorevoli.

Storia e Origine: Approfondimento sulla storia delle viti Piwi, con un focus sullo sviluppo delle prime varietà resistenti e l'evoluzione della ricerca e degli incroci.

Genetica e Varietà: Esplorazione delle varie varietà e incroci disponibili, con un'analisi delle caratteristiche genetiche distintive delle viti Piwi.

Coltivazione: Discussione sul terreno, clima e tecniche specifiche di coltivazione e potatura adatte alle viti resistenti.

Resistenza alle Malattie e Sostenibilità: Approfondimento sulla resistenza alle malattie fungine e sull'impatto ambientale positivo della coltivazione delle viti Piwi.

Vinificazione e Caratteristiche dei Vini: Descrizione dei processi di vinificazione adatti alle viti resistenti e delle caratteristiche sensoriali dei vini ottenuti.

Ruolo nel Mercato Enologico: Esplorazione della posizione delle viti Piwi nel mercato del vino, includendo l'accoglienza dei consumatori e il loro ruolo nell'economia locale.

Innovazioni e Prospettive Future: Discussione dei progetti di ricerca attuali, sviluppi tecnologici e delle prospettive future delle viti resistenti.

Impatto Sociale ed Economico: Analisi del ruolo delle viti Piwi nell'economia locale, dei progetti di sviluppo e dei benefici per le comunità.

Degustazione e Abbinamenti: Guida alla degustazione dei vini delle viti Piwi e suggerimenti per gli abbinamenti gastronomici.

Criticità e Sfide: Esame delle sfide attuali nella coltivazione e nell'accettazione dei vini delle viti Piwi.

Strategie per Superare le Sfide: Suggerimenti e strategie per affrontare le sfide nell'adozione e nell'accettazione dei vini delle viti Piwi.

Successi e Testimonianze: Esperienze di successo da viticoltori e testimonianze di consumatori ed esperti del settore sui vini delle viti Piwi.

Futuro delle Viti Piwi: Prospettive future e potenziali sviluppi nel mondo delle viti resistenti.

Applicazioni al di Fuori della Viticoltura: Esplorazione delle possibili applicazioni delle viti Piwi in altri settori e industrie.

Questi punti chiave offrono una panoramica completa e approfondita sulle viti Piwi, dalla loro storia e coltivazione ai loro impatti sociali ed economici, evidenziando le sfide attuali e le potenziali prospettive future.

INVITO ALLA RIFLESSIONE SULLE POTENZIALITA' DELLE VITI PIWI E DEI LORO IMPATTI

Le viti Piwi rappresentano una promettente evoluzione nel mondo della viticoltura, con un potenziale significativo e impatti diversi che vale la pena considerare:

Sostenibilità Ambientale: La loro resistenza alle malattie riduce la dipendenza dai trattamenti chimici, promuovendo un approccio più sostenibile alla viticoltura. Questo non solo preserva l'ecosistema circostante ma contribuisce anche alla salute del suolo e alla biodiversità.

Adattabilità alle Condizioni Climatiche: La loro capacità di prosperare in condizioni climatiche variabili le rende preziose in un'epoca di cambiamenti climatici. Le viti Piwi offrono una soluzione per affrontare sfide climatiche impreviste, garantendo una produzione più stabile.

Innovazione e Ricerca: L'evoluzione delle viti Piwi è un esempio di innovazione nel settore agricolo, mostrando il potenziale della ricerca genetica e biotecnologica per migliorare le colture in modo sostenibile.

Diversificazione e Resilienza: Introdurre le viti Piwi può diversificare la produzione vinicola e ridurre il rischio di malattie che potrebbero colpire le varietà tradizionali. Ciò aumenta la resilienza del settore vitivinicolo.

Impatto Socio-Economico: Le viti Piwi possono influenzare positivamente le comunità locali attraverso la creazione di opportunità economiche e la promozione di pratiche agricole più responsabili.

Sviluppo di Prodotti Innovativi: L'uso delle viti Piwi nella produzione vinicola può portare a una vasta gamma di vini con caratteristiche uniche, stimolando l'interesse dei consumatori e promuovendo l'innovazione nel settore.

Riflettere sulle potenzialità delle viti Piwi non solo ci permette di apprezzare il loro impatto attuale ma ci spinge anche a considerare le opportunità future che possono portare a un cambiamento positivo nel mondo della viticoltura e oltre.

CONCLUSIONE

Nella conclusione del libro sulle viti Piwi, vorrei sottolineare l'eccezionale viaggio attraverso le profondità della viticoltura innovativa. Esplorare le viti Piwi ha rappresentato un percorso affascinante, rivelando un mondo di potenzialità e impatti straordinari.

Le viti Piwi incarnano una risposta intelligente e sostenibile alle sfide della viticoltura moderna. La loro resistenza alle malattie e la capacità di adattarsi a diverse condizioni climatiche hanno aperto porte verso una produzione vinicola più resiliente e responsabile.

Attraverso le pagine di questo libro, abbiamo esaminato la loro storia affascinante, dall'origine delle prime varietà resistenti fino agli sviluppi innovativi e alle prospettive future. Abbiamo approfondito la loro genetica, la coltivazione, la vinificazione e persino le possibili applicazioni al di fuori del mondo del vino.

Questo viaggio non è solo stato un'immersione nella scienza e nella tecnologia, ma ha anche evidenziato l'impatto sociale ed economico delle viti Piwi nelle comunità locali e nell'ambito ambientale. Abbiamo esplorato i successi dei viticoltori e ascoltato le testimonianze dei consumatori, testimoniando un crescente interesse e apprezzamento per questi vini innovativi.

Le viti Piwi non sono solo una risorsa per la viticoltura, ma incarnano una prospettiva per un futuro più sostenibile e adattabile. Sono un simbolo dell'innovazione che può coesistere con la tradizione, portando valore aggiunto a un settore millenario.

Spero che questo libro abbia offerto una visione chiara e ispiratrice delle viti Piwi, suscitando curiosità, riflessioni e nuove prospettive nel mondo del vino e oltre. Che l'avventura con le viti Piwi possa continuare a illuminare il percorso verso una viticoltura più consapevole e sostenibile, plasmata dalla resilienza e dall'innovazione.